아바 일터 성경 공부 시리즈 4

종교인인가, 신앙인인가?

사무엘상을 중심으로

방선기 지음

KB208593

아바서원

머리말

성경 안에 직업 문제의 해답이 있습니다!

성경은 영생을 위한 진리는 물론 우리 삶에 필요한 모든 원리를 다 가르치고 있습니다(딤후 3:15-17). 그런데 성도들조차 실생활에서 성경을 그저 종교 서적쯤으로 인식할 때가 많은 것 같습니다. 교회 생활과 관련된 영적 문제에 관해서는 그 원리나 해결책을 성경에서 찾으려고 하지만 직업 문제같이 세상 속에서 그리스도인으로 살아가면서 겪는 문제들에 대해서는 성경이 해답을 줄 것이라고 생각하지 않습니다.

성경은 우리 삶의 모든 영역에서 하나님의 뜻을 보여줍니다. 직업 문제에 관한 구체적인 원리와 실제적인 해결책도 얼마든지 찾을 수 있습니다. 이 성경 공부 교재는 사무엘상 본문 중심의 교재입니다. 이 땅에서 직업을 가지고 일하는 그리스도인들이 성경을 공부하면서 직업과 관련된 하나님의 뜻을 알 수 있게 하려는 성경적 직업관 확립을 목적으로 만들어진 것입니다.

이 교재를 펴내기 전에 먼저 그리스도인 기업인들과 함께 공부하면서 말씀의 새로움을 깨달았으며 다양한 직업 현장에 적용해 보기도 했습니다. 이제 더 많은 그리스도인 직업인들과 이것을 나누려고 합니다.
성경을 펴고 기도하십시오. 그리고 한 문제 한 문제 읽어가면서 하나님의 음성을 듣고 일터에 적용해 보십시오. 살아 역사하시는 하나님의 말씀을 체험할 수 있을 것입니다.

방선기 목사

차례

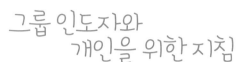

그룹 인도자와 개인을 위한 지침

'아바 일터 성경 공부 시리즈'의 특징은 직업관을 테마로 삼은 본문 성경 공부라는 점입니다. 따라서 본문의 모든 관점을 신학적으로 세밀하게 연구하는 공부는 아닙니다. 성경 본문의 문맥을 파악하고 직업관 중심으로 제기된 질문에 답하고 토의하는 과정을 통해 직업 현장에서 겪는 문제들에 접근하는 것이 이 교재의 제작 동기입니다. 그런 이유로 이 교재는 혼자 공부하는 것보다 그룹이 함께 공부하는 것이 더 좋습니다. 이 교재를 사용하는 데 필요한 몇 가지 지침을 소개합니다.

1. 교회 청년부나 직장 신우회에서 공부를 인도하는 리더들은 효과적인 질문을 던지고 조원들이 토론할 수 있도록 안내하는 역할을 잘 수행하시기 바랍니다. 성경을 가르치려 하거나 해답을 강요하는 자세는 바람직하지 않습니다. 본문 해석에 지나치게 집중해서 시간을 오래 끌지 않도록 시간 안배를 적절히 해주시기 바랍니다. 해당 과의 목표를 반드시 숙지해서 토의 방향이 다른 곳으로 흐르지 않도록 하는 것도 꼭 기억하시기 바랍니다.

2. 공부를 시작할 때 먼저 "마음을 엽시다!"와 1번 질문을 통해 해당 과의 주제를 조원들이 파악하게 한 후에 성경 본문을 읽으시기 바랍니다. 또한 각 과는 유기적 연결 고리를 가진 세 단락으로 나뉘어 있습니다. 이 연결 고리를 잘 파악해서 다음 단락으로 넘어가는 간단한 질문이나 설명을 준비하시기 바랍니다.

3. 각 단락의 첫 번째 질문은 주로 관찰 질문입니다. 본문에 근거해서 기본적인 사실들을 파악하여 해석과 적용을 위한 기초를 탄탄하게 쌓는 것이 좋습니다. 단락의 두 번째와 세 번째 질문에는 해석과 아울러 적용이 섞여 있습니다. 해석과 적용을 직업적 측면 중심으로 다루고 있다는 사실을 명심하고 토의를 이끌어주시기 바랍니다.

4. '짧은 주석'은 조원들이 다 함께 파악해야 할 문제들을 간단하게 설명한 것입니다. 자세한 설명이 필요한 경우에 주석을 참고해서 보충 설명을 하시면 공부에 도움을 줄 것입니다. '적용 포인트'는 이 교재의 집필 방향인 직업적 관점으로 본문의 교훈을 적용하는 원리와 예를 들어놓은 것입니다. 이것을 참조하면서 조원들이 다양한 직업 생활 경험을 나눌 수 있도록 유도해 주시기 바랍니다. 각 과 사이에 있는 '사이 특강'이나 '사잇글'은 해당 과의 공부에 도움을 주기 위해 제공하는 것입니다. 교재의 뒤쪽에 있는 '인도자를 위한 지침'도 유용하게 사용하시기 바랍니다.

5. 이 책은 두 부분으로 나눌 수 있습니다. 1–4과는 직업관의 원리적 측면을 강조하고 기독교 세계관에 근거한 직업관을 본문 중심으로 살펴보는 것입니다. 5–8과는 직업 생활의 실제적인 측면을 다룹니다. 이 구조를 미리 잘 파악하고 공부를 인도하시기 바랍니다.

제 1과
일터에서
진실한 신앙인이 되려면
(삼상 2:1-11)

이 과의 목표

　그리스도인들의 진실한 신앙심과 외형적 종교심이 혼동될 때가 종종 있다. 특히 일터에서 신앙심이 아닌 종교심 때문에 그리스도인들이 소금과 빛의 역할을 제대로 감당하지 못하고 믿지 않는 자들의 지탄을 받는 경우가 있다.

　종교심은 인간에 내재한 종교적 욕구의 표현이며 때로는 인간의 다른 욕구를 실현하는 도구로 쓰인다. 그러나 신앙심은 살아계신 하나님과의 관계이며 무엇을 위한 도구가 아니라 그 관계 자체가 목적이다. 이런 진정한 신앙심이 어떤 것인지 살펴본다.

　　영업2팀 팀장인 당신은 영업팀 담당 김 상무 때문에 고민이 많다. 같은 그리스도인이지만 민망할 때가 한두 번이 아니다. 사내에서 그가 유명한 교회의 장로인 것을 모르는 사람이 없는데 기준없이 아랫사람들을 차별하고 모질게 다루는 것으로 악명 높다. 그런 그가 입만 열면 '하나님 타령'이다. 같은 그리스도인으로서 아랫사람인 당신은 어떻게 처신하면 좋겠는가?

1. 본문에 나오는 여인 한나는 종교심이 있어 보입니다. 그것으로 원하는 목적도 이룬 것처럼 보입니다. 그러나 그녀가 드린 찬양을 통해서 그것은 단순한 종교심이 아니라 하나님을 향한 참된 신앙임을 알 수 있습니다. 진실한 신앙으로 인해 칭찬받는 사람이 주변에 있다면 이야기해 보십시오.

　　이제 사무엘상 2장 1-11절을 읽으십시오.

하나님을 향해 마음을 열어야 한다(1절)

2. 일터에서 주변 사람들에게 그리스도인다움을 보여주지 못하는 사람들은 사실 하나님과 올바른 관계를 맺지 못했기 때문입니다. 그런즉 참된 신앙은 하나님에 대한 바른 인식에서 시작합니다. 한나는 기도의 시작 부분에서 하나님을 향해 어떤 자세를 보여주고 있습니까?(1절)

3. 하나님을 향해 마음을 여는 자세는 인간관계에서도 비슷하게 적용됩니다. 자녀들이 부모에게 마음을 열어야 효도할 수 있고 부부가 서로 마음을 열어야 정상적인 관계가 형성되는 것을 보면 모든 관계의 시작은 바로 마음을 여는 것임을 확인할 수 있습니다. 당신은 하나님을 향해서 마음이 열려 있습니까? 또한 함께 일하는 사람들에게도 마음이 열려 있습니까?

적용포인트 사실 종교심만으로도 마음을 열 수 있습니다. 내게 무언가 이익이 있다고 생각할 때도 마음을 열 수 있습니다. 그러나 손해가 될 때는 금방 마음이 돌아서곤 합니다. 이것이 종교심과 신앙심의 차이입니다. 참된 신앙심을 가진 사람은 하나님께 마음을 열고 그런 자세로 사람에게 마음을 열게 되면서 진정한 대신(對神) 관계와 대인관계가 이루어집니다. 당신의 일터에는 어떤 관계들이 형성되어 있는지 점검해 보십시오.

하나님의 속성을 제대로 알아야 한다(2-9절)

4. 마음을 열고 한껏 하나님을 찬양한 한나는 자기가 알고 있는 하나님에 대한 지식을 나열하였습니다. 한나가 제시한 하나님의 속성은 어떤 것입니까?(2-9절)

1) 2절

2) 3절

3) 4-5절

4) 6-7절

5) 8-9절

한나는 논리적이지는 않지만 하나님에 대해서 자신이 알고 있는 지식을 다 열거했습니다. 그녀가 하나님에 대해 평소에 가지고 있던 풍성한 지식을 엿볼 수 있습니다. 이렇게 우리도 하나님에 대해 우리가 알고 있는 바를 일터의 동료들에게 우리의 말과 행동으로 보여주어야 합니다.

5. 우리 일터에서 믿지 않는 동료들은 하나님의 속성에 대해서 자신만의 이해를 가지고 강변하기도 합니다. 단적으로 "사랑의 하나님이라는 분이 어떻게 그럴 수가 있느냐?"라고 하면서 하나님은 없다고 주장하기도 합니다. 그러나 하나님의 속성은 성경 말씀을 통해 바르게 인식해야 합니다. 본문은 하나님이 한편으로 치우치지 않는 분임을 어떻게 보여주고 있습니까?(5-8절)

> **짧은 주석** 한나의 기도가 지닌 한 가지 특징은 공평하신 하나님에 대한 묘사가 매우 자주 등장한다는 것입니다. 하나님이 아이를 낳지 못하는 한나에게 은혜를 베풀어 아들을 낳게 해주신 것은 하나님의 공평하심에 기인한다고 말합니다.

6. 우리가 하나님의 속성을 바르게 인식하고 있다면(참된 신앙인이라면) 그것이 우리의 일하는 모습이나 태도에서 분명하게 드러나야 합니다. 당신은 하나님의 속성을 드러내며 살고 있습니까?

믿지 않는 동료들은 자신의 세계관 안에서 상황을 이해할 수 없을 때 하나님을 인정하기 어렵습니다. 그러나 우리의 말이나 행동을 통해서 드러나는 하나님의 모습은 훨씬 이해하기 쉬울 것입니다.

하나님의 궁극적인 심판을 선언해야 한다(10-11절)

7. 하나님을 찬양하며 기도하는 한나는 결국 어떤 선언을 합니까?(10절)

8. 우리가 일터에서 이러한 하나님의 궁극적인 심판을 선포하려면 심판과 더불어 심판을 피할 길도 보여주어야 합니다. 하나님이 주신 피할 길은 무엇입니까?(요 5:24)

하루 중 많은 시간을 함께 지내고 때로 몇 년이나 같이 일해 온 일터의 동료들에게 복음의 핵심에 대해 이야기할 기회를 찾고 있습니까?

세상의 다른 종교들도 심판에 대해 이야기하지만 그 심판을 피할 수 있는 길을 가르쳐주는 것은 아니기에 우리가 전하는 복음이 매우 가치 있는 것임을 명심합시다. 우리가 하나님의 속성을 드러내며 일터에서 바람직한 자세로 일하고 하나님의 복음을 증거하면 하나님의 은혜가 우리 일터에 풍성하게 임할 것입니다.

일터에서 믿음을 드러내게 하소서

세상으로 자녀들을 보내시는 하나님.
하나님이 예수님을 세상에 보내신 것 같이
예수님이 우리를 세상으로 보내심을 찬송합니다.
그 귀한 파송에 감사하며 세상에서 승리하는 삶을 살게 하소서.

하나님이 관심 가지고 계신 삶의 마당이
교회만이 아님을 기억하고
삶의 시선을 세상으로 향하게 하소서.
주일에 드리는 예배를 통해 우리는 세상으로 파송됩니다.
목사님의 축복 기도를 받으며
우리는 세상으로 향합니다.
종교개혁자들이 주일 예배 후에
교회 문을 잠갔다는 이야기를 기억합니다.
세상으로, 모인 교회가 아닌 흩어진 교회로
반드시 가야 한다는 의미를 제대로 배우게 도와주소서.

고속도로에 들어서서
목적지를 향해 자동차를 운전할 때,
휴게소에 들러 휴식하고 충전하는 것처럼,
교회에서 말씀으로 충전되어
사명의 장소인 일터로 출발하는
영적 순례의 의미를 분명하게 깨달아 알게 하소서.

제가 일하는 일터에 '비밀 그리스도인들'이 많습니다.
1년, 2년, 3년을 함께 일하고 거래하면서도
교회에 나가는 것을 알 수 없는 사람들이 있습니다.
1세기에 우리 믿음의 선배들은
목숨이 위태로워 물고기 그림을 그리면서
지하 감옥을 헤매는 비밀 그리스도인들로 살았습니다.
그 영광스러운 이름이 무색해져 안타깝습니다.

저 자신도 비밀 그리스도인이 되지 않도록,
일터에서 믿음과 영성을 드러낼 수 있도록 인도해 주소서.
교회 다닌다는 티를 내고 싶지는 않습니다.
종교성을 드러내거나 무례함으로 비난받는 것이 아니라
하나님을 믿는 사람의 자연스러운 삶의 향기를 통해,
사람들에게 진정한 그리스도인으로 인식되게 하소서.
일하는 저의 모습이 분명해야 하겠습니다.
얌체 소리를 듣지 않게 하소서.
의무에 충실하면서 권리를 포기하고 희생하는
멋진 모습을 보이게 하소서.
그래서 일터에서 드러내는 진정한 믿음으로
하나님께 영광 돌리게 하소서.
예수님의 이름으로 기도합니다. 아멘.

원용일 지음, 『직장인 축복 기도문』(브니엘, 2009), 88-89쪽.

제 2과
세상 속 그리스도인의
껍데기 신앙
(삼상 2:12-17, 22-29)

이 과의 목표

　수십 년간 신앙생활을 한다는 사람들도 세상 속, 즉 일터나 가정
에서는 그리스도인다운 모습을 보이지 못하는 경우가 종종 있다.
종교적 삶을 살기 때문이다. 그러나 신앙은 단순한 종교 생활이 아
니다. 참된 신앙은 교회 안에서나 교회 밖 세상에서도 동일하게 나
타나야 하는 것임을 명심하고 세상 속에서 어떻게 하면 바람직한
그리스도인으로 살지 함께 고민해 본다. 본문에 등장하는 엘리 제
사장의 아들들은 우리가 세상 속에서 가져야 할 참된 신앙이 무엇
인지를 보여주는 데 매우 적합한 인물이다.

🌱 마음을 엽시다!

대학 졸업 후에도 캠퍼스에 남아 선교회 간사로 사역해 온 당신. 요즘 아이들도 커가고 생활비 지출도 많아지는데 재정 후원이 줄어 생활이 어려워지고 있다. 부쩍 전직을 해야 하는 것이 아닌지 고민이다. 더구나 15년 이상이나 캠퍼스에서만 사역해서인지 그리스도인들 외에는 친구도 없고 점점 세상과 멀어져 고립되는 자신을 발견한다. 어떻게 하면 인생의 돌파구를 찾을 수 있을 것인가?

1. 바람직한 신앙인이라면 세상 속에서 제대로 살아가야 할 것입니다. 그런데 오늘 한국 교회 그리스도인들은 이런 측면이 매우 부족하다는 지적을 자주 받습니다. 세상 속에서 바람직한 신앙인이 되기 위해서 우리 그리스도인들이 훈련받아야 하는 부분은 어떤 것일까요? 교회와 목회자들의 문제점도 지적해 보십시오.

이제 사무엘상 2장 12-17절, 22-29절을 읽으십시오.

종교적 분위기에서 살지만 하나님과 관계 없는 신앙
(No Relationship, 12-17절)

2. 엘리의 아들들인 홉니와 비느하스는 아버지의 제사장직을 이어 성막과 관계되는 일을 했습니다. 그러나 그들의 행실은 어땠습니까?(12-17절) 그들은 결국 어떤 최후를 맞았습니까?(25절) 이렇게 된 이유가 무엇이라고 생각하십니까?

3. 우리는 대부분 구약 시대의 제사장에 해당하는 직업을 가지고 있지는 않지만 어떻게 보면 그들과 비슷한 환경 속에서 지낸다고 볼 수 있습니다. 교회와 일터와 가정에서 늘 예배를 드리고 기도하고 찬양하는 등 종교적인 삶을 살고 있지만 그런 종교적 삶이 하나님과는 별로 관계가 없을 가능성은 없습니까? 하나님과 진정한 관계를 맺고 있는지 자신을 돌아보십시오(12절 참조).

종교적인 환경이 하나님과의 관계를 보장해 주지 않습니다. 특히 종교적 분위기 속에서 일하는 사람들(소위 전임 사역자들)은 먼저 자신이 하나님과 어떤 관계를 맺고 있는지 수시로 점검해야 합니다. 부모들도 자녀들을 생각할 때 이 문제를 항상 염두에 두어야 합니다.

적용포인트 '홉니와 비느하스'는 멀리 있지 않습니다. 그러므로 여러분은 자기가 믿음 안에 있는지를 스스로 시험하고 검증해 보십시오. 여러분은 예수 그리스도께서 여러분 안에 계시다는 것을 알지 못합니까? 그렇다면 여러분은 실격자입니다(고후 13:5).

권리는 요구하지만 책임감이 없는 신앙
(No Responsibility, 12-17절)

4. 엘리 제사장의 아들들은 제사장의 아들로서 한껏 '특혜'를 누렸습니다. 못된 범죄이기도 한 그 특권 행사에는 어떤 것이 있었습니까?(13-16절) 심지어 어떤 범죄까지 저질렀습니까?(22절)

5. 비단 전임 사역자뿐만 아니라 신약의 성도들도 제사장입니다(벧전 2:9). 따라서 구원받은 것을 특권으로 생각하는 만큼 세상 속에서 책임감 있게 살아야 합니다. 세상 속 제사장인 당신은 어떤 책임감을 품고 살아갈 것인지 결심하고 서로 그것을 이야기해 보십시오.

6. 우리 일터에서도 그리스도인들이 권리만 요구하고 책임감이 없는 경우, 동료들에게 '얌체'라는 지적을 받을 수 있습니다. 물론 우리는 믿지 않는 사람들의 직장문화에 전적으로 동조할 수 없는 것이 당연합니다. 그러나 멍에를 함께 메지 못한다고 늘 피하기만 할 수도 없습니다. 그러면 어떻게 해야 책임감 있는 직장인이 될 수 있겠습니까?

적용포인트 '홉니와 비느하스'는 멀리 있지 않습니다. 우리도 얼마든지 그들처럼 될 수 있고 우리 자녀들도 마찬가지입니다. 그러므로 다음의 명령에 어떻게 반응할 수 있을지 스스로 생각해 보아야 합니다. "이같이 너희 빛이 사람 앞에 비치게 하여 그들로 너희 착한 행실을 보고 하늘에 계신 너희 아버지께 영광을 돌리게 하라"(마 5:16).

책망을 들어도 회개가 없는 신앙(No Repentance, 22-29절)

7. 아들들의 못된 짓을 안 엘리 제사장은 자식들을 불러서 책망 했습니다(23-25절). 그러나 아들들은 아버지의 책망을 무시하고 회개하지 않다가 결국 하나님의 심판을 받았습니다(25절하). 또한 아버지 엘리마저 하나님의 책망을 받게 되었습니다. 어떤 책망이

었습니까?(29절, 3:13 참조)

8. 잘못을 저지르지 않는 것이 가장 바람직합니다. 하지만 연약한 우리는 잘못을 하기 마련이고 그 때 회개하고 돌이키는 것이 중요합니다. 또한 영적으로 다른 사람들을 섬겨야 할 위치에 있을 때 그들이 죄악에서 돌이킬 수 있도록 영적 깨달음을 주는 것이 중요합니다. 이 일은 어떤 면에서 세상에서 하나님과 사람들 사이에서 중보자 역할을 하는 것입니까?(고후 5:18-19 참조)

적용포인트 '엘리 제사장'의 실수도 우리 가까이에 있습니다. 우리도 얼마든지 그와 같은 실수를 할 수 있습니다. 그러므로 순간순간 우리 자신에게 이런 약속을 상기시켜야 합니다. "만일 우리가 우리 죄를 자백하면 그는 미쁘시고 의로우사 우리 죄를 사하시며 우리를 모든 불의에서 깨끗하게 하실 것이요"(요일 1:9).

세상 속에서 살아가야 하는 직업인들의 신앙은 바로 이 세 가지 요소, 곧 관계(relationship), 책임(responsibility), 회개(repentance)로 구성되어 있다고 할 수 있습니다. 3R을 기억합시다. 당신의 신앙에는 이 세 요소가 제대로 들어 있습니까? 자녀들에게 이 세 가지를 제대로 가르치고 있습니까?

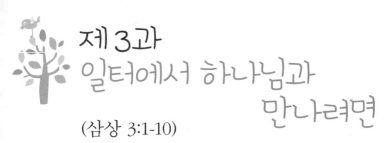

제3과
일터에서 하나님과 만나려면

(삼상 3:1-10)

이 과의 목표

   그리스도인들은 보통 '하나님을 믿는 것'과 '하나님의 음성을 듣는 것'은 특별한 영력을 가진 사람들이나 할 수 있는 것으로 생각한다. 그러나 그렇지 않다. 예수님을 믿어 하나님의 자녀가 된 사람들은 누구나 하나님을 만나고 그분의 음성을 들을 수 있다. 엘리 제사장과 어린 사무엘의 대조를 통해서 이 사실을 확인한다.

❧ 마음을 엽시다!

집 근처에 있는 한 교회의 부흥회에 가보았더니 죽어서 천국에 갔다왔다고 특별 간증을 하는 강사가 있었다. 그의 이야기를 들으면서 수긍이 되는 면도 있었으나 하나님을 만나기 위해 노력하라고 하는 그의 결론에는 동의하지 못했다. 꼭 그렇게 죽어서 천국에 미리 가보아야야만 하나님을 만나는 것일까? 그런 방법 말고는 지금 여기에서 하나님을 만나는 방법이 없는 것일까?

1. 필립 얀시의 책, 『뜻밖의 장소에서 만난 하나님』(두란노, 2000)을 보면 세상, 깨어진 사회, 일간신문, 틈새, 교회 등의 일상적인 장소에서 만난 하나님에 대한 글들이 있습니다. 그 중 2장에서는 일터에서 만난 하나님을 다루고 있습니다. 물론 그는 작가로서 다소 특수한 일터를 다루고 있지만 그 일터에서 하나님을 만나는 이야기가 실감납니다. 만일 당신이 일터에서 하나님을 만난다면 그분께 무엇을 보여드릴 수 있겠습니까?

이제 사무엘상 3장 1-10절을 읽으십시오.

종교성이 하나님과의 만남을 보장하지 않는다(1-7절)

2. 사사 시대가 끝나갈 무렵은 영적으로 혼탁한 암흑기였습니다(1절). 90세가 넘은 엘리 제사장이 사사였고 어린 사무엘이 성막

에서 선지자 수업을 받고 있었습니다. 그런데 종교 지도자인 엘리에게는 말씀하시지 않는 하나님이 어린 사무엘에게는 말씀하셨습니다. 이 사실은 하나님을 만나는 데 무엇이 중요하지 않다는 것을 알려줍니까?

적용포인트 오늘날도 마찬가지입니다. 교회의 직분이나 종교적 지위가 하나님을 만나는 전제조건은 아닙니다. 총회장, 목사, 장로, 권사 등의 직분과 직책은 그들에게 맡겨진 일일뿐 하나님과 만나는 효과적인 수단이 되지는 못합니다.

3. 하나님에 대해 많이 알았던 것이 분명한 엘리 제사장에 비해 어린 사무엘은 하나님에 대한 지식이 어느 정도였습니까?(7절)

우리의 믿음이 자라면서 하나님을 아는 지식도 자라야 하지만 그 지식이 하나님을 만나는 데 아무런 영향을 미치지 못할 수도 있습니다.

4. 성경이나 하나님을 많이 아는 지식이 하나님을 만나는 것을 보장할 수 없는 이유는 무엇일까요?(마 11:25-27)

5. 엘리 제사장은 어린 사무엘이 자다 말고 여러 번 자기에게 왔다가 돌아가는 것을 보고 그것이 하나님의 부르심인 것을 알아챘습니다(8절). 엘리가 하나님의 부르심을 깨달을 수 있었던 이유는 무엇입니까?

6. 과거에 은혜받은 사건을 지나치게 자주 회고하면서 그것이 신앙 생활의 전부인양 주장하는 사람들이 있습니다. 또한 일터에서도 오늘날과 같은 변화의 시대에 자신의 경험만을 강조하는 윗사람들이 있습니다. 그들이 그렇게 자신의 경험을 강조하는 이유는 무엇일까요?

마음을 열고 말씀을 들어야 하나님을 만난다(8-10절)

7. 앞서 말한 세 가지, 즉 직분과 지식, 과거의 경험은 중요합니다. 그러나 그것들보다 더 중요한 것은 하나님을 만나서 그분의 음성을 실제로 듣는 것입니다. 엘리는 사무엘을 어떻게 지도합니까? 그리고 사무엘은 엘리의 가르침에 어떻게 반응합니까?(9-10절) 여기서 우리가 배울 점은 무엇입니까?

> **짧은 주석** "여호와여 말씀하옵소서 주의 종이 듣겠나이다"라는 표현은(9-10절에서 반복) 하나님의 음성을 듣는 사람들의 정형화된 기도문처럼 보입니다. 우리도 이렇게 하나님의 음성을 듣겠다는 겸손한 자세로 기도해야겠습니다.

8. 그러면 구체적으로 우리는 어떻게 하나님의 음성을 들을 수 있습니까? 다윗의 고백을 통해서 확인해 봅시다.

1) 시편 143편 8절

2) 시편 119편 147-148절

9. 과거 우리의 신앙 선배들은 하나님과 이렇게 만났습니다. 말씀을 통한 진지한 만남이 없이는 아무리 종교적인 지위가 높고 지식과 경험이 화려해도 진정한 신앙생활을 하기 힘듭니다. 그렇다면 당신은 하나님을 만나기 위해 구체적으로 어떻게 하겠습니까?

하나님의 말씀을 묵상하면서 그것을 통해서 하나님의 음성을 듣는 것을 우리는 성도의 의무로 생각할 수 있습니다. 그러나 사실은 특권입니다. 창조주 하나님의 음성을 매일 아침 들을 수 있다는 것은 대단한 특권임에 틀림없습니다. 이 특권을 엘리 제사장은 누리지 못했지만 어린 사무엘은 누렸습니다. 그 특권은 지금 하나님을 믿는 우리 모두에게 주어졌습니다. "여호와여 말씀하옵소서. 주의 종이 듣겠나이다." 우리도 사무엘처럼 이렇게 기도하며 주님의 음성을 들읍시다.

말씀을 묵상하며 일터의 삶을 생각하라!

삶을 돌아보는 시간

설교를 듣는 것이나 성경 읽기, 성경 암송은 그 성격이 분명하다. 그러나 묵상은 좀 애매하다. 누군가 묵상이란 소가 되새김질하듯 말씀을 되새기는 것이라고 했지만 이 말은 내가 하는 묵상과는 거리가 있다. 급변하는 현대 사회에서 말씀 묵상을 즐기기는 몹시 어려워 보인다.

나는 성경을 묵상할 때 말씀의 깊은 의미를 찾기보다는 분명하게 다가오는 말씀을 일상의 삶과 연결하려고 애쓴다. 한마디로 나의 말씀 묵상은 생각하는 기회이며 성경은 그 생각의 원천이다.

내게 있어 말씀을 묵상하는 시간은 성경말씀을 연구하거나 하나의 의미를 깨닫기 위해서 절치부심하는 시간이 아니다. 그저 하루에 한번 하나님의 말씀을 기초로 삶에 대해 생각하는 시간이다.

복잡하고 어려운 말씀 묵상

요즘 말씀을 묵상하는 것을 힘들게 느끼는 사람들이 눈에 띈다. 큐티에 대해서 아는 사람은 훨씬 많아졌지만 큐티를 제대로 하는 사람은 오히려 줄어든 것 같다. 그렇게 된 이유가 몇 가지 있다.

가장 큰 요인은 SNS의 발달을 들 수 있다. 다양한 SNS의 확산으로 말씀 묵상할 시간이 줄어들고, 말씀 묵상하는 방법이 바뀌기도 했다. 게다가 기존의 큐티 방식 자체에도 약간의 문제가 있는 것 같다. 첫째, 말씀 묵상을 돕기 위해서 생긴 큐티 잡지들이 묵상을 돕는 자료들을 제공하면서 말씀을 묵상하는 일이 좀 더 복잡해졌다. 본문의 배경이나 단어의 뜻을 설명하는 것은 좋은데 그러다 보니 묵상과 공부가 혼동되는 것이다. 그렇게 되면 말씀을 깊이 공부할 여유가 없는 사람들은 묵상 시간을 부담스러워할 수 있다.

둘째, 묵상해야 할 본문 말씀이 좀 어렵거나 적용점을 찾기 어려운 경우에 묵상 시간이 오히려 괴로운 시간이 되어버린다. 예를 들어 레위기 같은 성경은 중요한 진리를 담고 있지만 현재의 삶과는 좀 동떨어진 내용인데다가 비슷한 내용이 반복되기 때문에 초신자들은 말할 것도 없고 묵상을 오래했던 사람들도 묵상을 즐겁게 하기 어렵다.

단순화와 선택으로!

말씀 묵상의 즐거움을 회복하기 위해서는 전통적인 큐티에 변화가 필요하다. 우선 말씀 묵상을 단순화해야 한다. 분명히 드러나 보이는 말씀을 찾아서 생활에 적용하는 것이다. 직장인들은 일터에서 삶과 연관해서 말씀을 생각하고 주부는 자신의 삶에 비추어 말씀을 생각하는 것이다. 그 과정에서 성경 해석의 원리를 지나치게 적용할 필요는 없다. 대단한 내용이 아니어도 하루에 한 가지만이라도 짧은 시간에 생각할 수 있다면 유익한 시간이 될 것이다.

둘째로 묵상할 말씀을 선별할 필요가 있다. 대부분의 큐티 교재들은 성경 전체를 빠짐없이 다루고 있다. 그러나 말씀을 묵상하는 목적은 성경의 내용을 알려는 것이 아니라 말씀을 삶에 적용하면서 하나님의 생각을 알아가는 것이다. 그러므로 묵상하기 좋은 본문을 택해서 생각을 하는 것이 훨씬 효과적일 수 있다.

새로운 깨달음을 주는 말씀 묵상

요즈음 나는 묵상의 즐거움을 회복하고 있다. 최근에 누가복음 10장 38-42절 말씀을 묵상했다. 음식 준비를 하느라고 분주했던 마르다가 예수님의 책망을 들은 반면 일은 하지 않고 예수님의 말씀을 들었던 마리아는 칭찬을 받았다. 평소에는 이 말씀이 음식을 준비하는 것보다 말씀을 듣는 것이 더 가치 있는 행동임을 시사한다고 생각했다. 그런데 이번에 말씀을 묵상하면서 마르다는 예수님의 마음을 이해하지 못한 채 자기 식으로 대접하려고 했고 마리아는 예수님의 마음을 바로 이해했다는 것을 발견했다. 그러고 나니 삶의 모든 영역에서 우리가 마르다의 실수를 하고 있다는 생각이 들었다. 경건 생활이나 교회 생활에서뿐만 아니라 다양한 인간관계에서 비슷한 실수를 한다. 배우자에게 아무리 잘한다고 해도 상대가 무엇을 좋아하는지 모르면 별 유익이 없다. 자녀의 필요나 상태를 모른다면 아무리 열심히 뒷바라지를 해도 결과는 비참할 뿐이다. 말씀을 읽고서 이런 생각을 하다 보니 우리 삶의 문제를 발견하게 되고 이에 대한 해결책도 찾을 수 있었다. "주의 말씀은 내 발에 등이요 내 길에 빛이니이다"(시 119:105)라는 말씀이 실감 난다.

나만의 말씀 묵상

묵상 중에 특별히 다가오는 말씀이 없으면 그냥 지나가면 된다. 다 하나님의 말씀이지만 내가 새로운 생각을 할 수 있는 부분을 선택해서 큐티를 하는 것이다.

창세기를 묵상한 횟수를 세어 보니 45번이나 되었다. 그런데 레위기는 다하고 보니 묵상한 횟수가 17번이었다. 아무래도 창세기는 분량도 많고 다양한 내용이 있어서 묵상을 더 많이 하게 되고 레위기는 길이도 짧고 반복되는 내용이 많아서 묵상 횟수가 적은 것 같다.

신약을 묵상하는 데도 마태복음은 첫 번째 책이어서 묵상을 많이 하게 된다. 마가복음과 누가복음은 마태복음과 중복되는 내용이 많아 묵상 횟수가 줄었다. 요한복음은 확실히 공관복음과는 다른 내용이 많아서 다시 묵상의 횟수가 늘었다.

이렇게 말씀 묵상을 단순화하고 선택적으로 하니까 그 시간이 유익하고 즐겁다. 그래서 묵상하기를 힘들어하는 사람에게 이런 변화를 시도해 큐티를 해보라고 권하고 싶다.

원래 말씀을 묵상하기 위해서는 성경과 기록을 위한 노트만 있으면 된다. 그런데 언제부터인지 묵상을 돕는 책들이 나타나기 시작해서 지금은 꽤 많은 종류의 교재들이 있다. 이런 책들이 묵상을 꾸준히 하고 더 많은 것을 깨닫도록 도와주기도 하지만 자칫 말씀 묵상을 경직되게 만들기도 한다. 신앙생활에서 말씀을 묵상하는 큐티의 전통은 매우 소중한 보물이다. 그러나 그 방법이나 패턴은 사람들의 수준이나 필요에 따라 얼마든지 변할 수 있고 또 변해야 한다. 문득 주님이 안식일과 관련해서 하신 "안식일이 사람을 위하여 있는 것이요 사람이 안식일을 위하여 있는 것이 아니니"(막 2:27)라는 말씀이 생각난다. 이 말씀을 큐티에도 적용해 본다. "큐티가 사람을 위하여 있는 것이요 사람이 큐티를 위해 있는 것이 아니니라."

(글: 방선기 목사)

제4과
이 땅이 회복되려면
(삼상 7:1-14)

이 과의 목표

요즘 우리 사회를 보면 점점 더 상황이 악화되는 것 같다. 경제와 정치도 불안하고 우리 사회도 부패와 비리가 만연하다. 사회만 그런 것이 아니라 교회도 점점 사회에 선도적 역할을 하던 과거의 모습을 잃었다. 이런 시점에서 회복과 부흥을 모색한다면 무엇을 해야 할지 오늘 본문을 통해 확인해 본다. 이스라엘의 총체적 부패와 타락 상황에서 사무엘 선지자가 주도한 미스바의 부흥 운동을 통해 우리 사회와 교회, 일터 그리고 우리 자신의 부흥을 기대해 본다.

🌱 마음을 엽시다!

분쟁이 심한 교회에 이제 막 목회자로 부임한 당신. 3년이나 목회자 없이 장로들이 교회를 이끌어온 그 교회에 가보니 기강도 서 있지 않고 영적 패배주의가 곳곳에 팽배해 있다. 남아 있는 성도들의 마음도 피폐해져 있고 목회자에 대한 불신도 대단하다. 어떤 일부터 시작하여 교회를 바로 세울 것인가?

1. 미국에 있는 탈봇 신학교 교정에는 "부흥을 위해 기도하라"는 문구가 있다고 합니다. 당신은 회복과 부흥을 위해서 기도하십니까? 어떤 종류의 부흥을 바라십니까?

   이제 사무엘상 7장 1-14절을 읽으십시오.

리더십의 회복이 필요하다(1-6절)

2. 블레셋에 빼앗겼다가 돌아온 법궤가 국경 지방에 있었을 때 이스라엘 백성은 20년 동안이나 여호와를 사모했습니다(1-2절). 그런데도 왜 그들의 현실적인 문제(블레셋의 압제)는 해결되지 않은 걸까요?

3. 이스라엘의 회복은 리더십의 회복에서 시작되었습니다. 이전에 언약궤를 주술처럼 이용해 전쟁에 이기려 한 지도자들과 달리 사무엘이 회복을 위해 설정했던 최우선적인 관심사는 무엇이었습니까?(3-4절)

4. 전쟁에 이기는 것을 목표로 삼지 않은 지도자 사무엘은 백성에게 우상을 버리고 하나님만 바르게 섬길 것을 요구했습니다. 그러자 백성이 순종했습니다(4절). 바른 지도자를 만나는 것이 특히 위기의 때에는 얼마나 중요합니까?

적용포인트 나라와 기업, 교회, 가정이 마찬가지입니다. 문제가 생겼을 때 가장 먼저 지도자가 살아 있어야 합니다. 지도자가 부흥의 중심에 서야 그 공동체에 소망이 있습니다. 우리가 속한 공동체도 진정한 부흥을 이루기 위해서는 먼저 지도자가 바로 서야 합니다. 이 문제를 위해 기도하면서 우리 자신도 필요한 곳에 지도자로 설 수 있도록 준비합시다.

영성의 회복이 절실하다 (7-9절)

5. 사무엘이 백성에게 가장 먼저 기대한 것은 하나님께로 돌아오는

것이었습니다. 그런데 이스라엘 백성이 적의 군대가 쳐들어오는 상황에서 제사를 드리고 기도하는 모습은 종교의 힘으로 전쟁에서 이기려고 한 것처럼 보입니다(7-9절). 그런 의미에서 과거 블레셋이 쳐들어왔을 때 언약궤를 가져와서 이기려고 한 것과(삼상 4:1-4) 비슷해 보입니다. 그러나 이 둘은 어떤 차이가 있습니까?

적용포인트 오늘 우리 사회도 그렇고 교회나 기업, 나라도 마찬가지입니다. 개인의 고질적인 문제를 해결하기 위해서는 먼저 진정한 영성이 회복되어야 합니다. 단순히 예배를 드리거나 기도회를 연다고 해결되는 것이 아닙니다. 하나님을 향한 진정한 마음, 하나님만을 의지하는 마음이 있어야 합니다.

6. 영성을 회복하는 과정에서도 백성의 의례적이고 형식적인 태도(8절)와 사무엘의 태도(9절)에는 분명 차이가 있었습니다. 어떤 차이라고 생각하십니까?

> **짧은 주석** 백성의 요구는 2절에 나오는 맹목적인 부르짖음과 유사합니다. 그들은 그저 하나님께 쉬지 않고 부르짖는 기도만 하면 하나님이 응답하실 것이라고 생각하는 일종의 미신적인 사고방식을 가지고 있었습니다. 그러나 사무엘은 "온전한 번제"를 드렸습니다(9절). 온전한 번제란 제물의 어떤 부분도 남기지 않고 다 태워서 하나님께 드리는 번제를 말하는 듯합니다. 본래 번제란 이렇게 다 태워 드리는 것이 원칙이었으나(레 1:3-9) 그동안 이스라엘 백성이 그렇게 하지 않았다고 유추할 수 있습니다. 사무엘은 온전한 번제를 통해서 의식적인 제사법을 강조한 것이 아닙니다. 오히려 하나님을 향한 삶의 총체적 헌신을 백성에게 보여주었던 것입니다._『사무엘상-WBC 성경주석 10』(랄프 W. 클레인, 솔로몬, 2004) 참조.

영토의 회복이 요구된다 (10-14절)

7. 사무엘이 하나님께 온전한 번제를 드리자 하나님이 응답하셨지만 여전히 블레셋과의 전쟁은 피할 수 없었습니다. 이렇게 영성이 회복되었는데도 전쟁이라는 위기와 고통이 사라지지 않은 것은 우리 인생에 계속되는 문젯거리와 어려움에 대해 어떤 가르침을 줍니까?

8. 영성이 회복된 결과 이스라엘 백성이 궁극적으로 얻은 것은 무엇이었습니까?(13-14절) 이것은 "너희는 먼저 그의 나라와 그의 의를 구하라 그리하면 이 모든 것을 너희에게 더하시리라"(마 6:33)는 말씀과 어떤 연관이 있습니까?

이스라엘 백성의 궁극적 목표는 영토 회복이었지만 노력을 해도 이루지 못했습니다. 리더십이 바로 서고 백성의 영성이 회복되자 그때서야 하나님께 선물로 받았습니다. 오늘날도 하나님의 역사는 크게 다르지 않습니다. 우리가 속한 공동체에서 먼저는 지도자가 변하고 공동체의 영성이 회복되면, 실제적인 문제가 조금씩 풀리게 될 것입니다. 리더십의 회복과 공동체의 회복을 위해 기도하며 노력합시다.

제5과
우리 시대에 필요한
리더십 덕목
(삼상 8:1-10, 12:1-5)

이 과의 목표

요즘 우리 시대를 가리켜 지도자가 없는 시대라고 한탄한다. 조직의 우두머리는 있어도 사표가 될 만한 지도자를 찾아보기는 힘들다. 이런 때에 우리는 으레 다른 사람들에게 책임을 돌린다. 우리 그리스도인들이 세상의 소금과 빛이라면 당연히 이 세상에서 리더의 역할을 해야 할 것이 아닌가? 이제 우리는 지도자의 부재를 한탄하지 말고 우리 자신이 이 시대에 필요한 리더가 되도록 노력해야 한다. 사무엘을 통해서 우리 시대에 필요한 리더십의 덕목들을 배워본다.

♥마음을 엽시다!

결점 없는 사람은 없다고 하지만 당신이 일하는 생산 라인의 반장은 정말 너무한다. 그 반장이 갑자기 퇴사한 후 당신이 반장이 되었는데 반원들이 당신을 보고 터뜨리는 불만이나 뒷얘기가 당신이 전에 반장을 욕하던 내용과 비슷했다. 내심 많이 놀랐다. 리더의 자리는 그렇게 어려운 것인가? 어떻게 해야 당신은 '훌륭한 반장'이 되어 생산 라인을 잘 이끌 수 있을까?

1. 당신의 일터에서(혹은 다른 곳에서) 만난 리더들 중에서 어떤 리더가 가장 기억에 남습니까? 그 리더십의 특징은 무엇이었습니까?

이제 사무엘상 8장 1-10절, 12장 1-5절을 읽으십시오.

자녀를 바로 양육해야 한다(8:1-3)

2. 사무엘은 백성에게 존경받는 지도자였습니다. 그러나 세습을 통해 사사로 세운 아들들이 백성을 잘 다스리게 하는 일에는 실패했습니다. 그의 아들들에게 어떤 문제가 있었습니까? (1-3절) 그 원인은 무엇이라고 생각하십니까?(7:15-17 참조)

3. 사실 사무엘은 과거에 엘리 제사장의 아들들을 보고 배운 점이 많았을 것입니다. 그래서 자기는 절대로 엘리의 전철을 밟지 않겠다고 결심했을 것 입니다. 그런데 결국 사무엘도 엘리와 비슷한 실수를 저지르고 말았습니다. 윗사람의 나쁜 점은 더 쉽게 배운다는 말이 이런 것을 두고 하는 말일 것입니다. 당신의 경우는 어떻습니까? 앞으로 바람직한 자녀양육을 위해 어떻게 노력하겠습니까?

퇴진 시기를 알고 결단해야 한다(8:4-10)

4. 사무엘은 선지자와 사사로서 지도자의 권위를 인정받았고 백성에게도 인기를 얻었던 것 같습니다(삼상 3:19-21). 그러나 사무엘은 자신이 물러나야 할 때 어떻게 행동했습니까?(8:4-10)

적용포인트 사실 이스라엘 백성을 다스리는 사역을 위해 가정까지도 돌보지 못했던 사무엘은 백성이 왕을 요구했을 때 인간적으로 받아들이기 어려웠을 것입니다. 또 나중에 사울에게 기름 부어 그를 왕으로 추대했을 때 전권을 넘겨주기도 쉽지 않았을 것입니다. 그러나 마음에 들지 않아도 그 문제를 놓고 기도하면서 사무엘은 결국 그 일을 해냈습니다. 리더가 자신의 '때'를 알고 진퇴를 결정하는 것은 중요한 덕목입니다.

5. 사무엘이 스스로 퇴진을 결단했던 것은 그의 성격이 부드럽거나 아들들의 잘못에 도의적 책임을 졌기 때문은 아닌 듯 합니다. 무엇 때문에 사무엘이 선지자와 사사라는 이중직에서 물러날 수 있었다고 생각합니까?(8:6-7).

원칙 중심의 삶을 살며 하나님의 평가를 기대한다(12:1-5)

6. 사무엘은 자신의 '퇴임식'에서 과거를 돌이켜보며 지도자로 살았던 자신을 평가했습니다. 그 평가에서 사무엘이 자기의 업적보다 더 강조한 것은 무엇이었습니까?(12:3)

7. 사무엘은 백성에게 깨끗한 지도자로 인정받기 원했지만 거기에 그치지 않았습니다. 사무엘은 어떤 점에 자부심을 가지고 있었습니까?(12:5)

적용포인트 사무엘은 사람들의 인정이나 평가뿐만 아니라 하나님의 인정을 받았기에 뿌듯했을 것입니다. 사람들의 눈치를 많이 보는 리더들은 사람들의 뜻에 따라 정의를 굽게 만들 수도 있습니다. 그렇게 되지 않기 위해서는 분명한 원칙을 가지고 있어야 합니다. 스티븐 코비가 말하는 '원칙 중심의 리더십'이 바로 그것입니다. 이 원칙은 다름 아닌 하나님의 뜻입니다. 결국 하나님의 뜻을 매사의 중심에 놓는 지도자라야 온전한 지도자라고 할 수 있을 것입니다.

바람직한 리더십을 위해 필요한 세 가지 덕목(자녀 양육, 퇴진 시기, 원칙 중심)을 정리하며 우리 자신을 돌아봅시다. 우리가 지금 높은 지위에 있지 않더라도 세 가지 덕목을 위해 나름대로 최선을 다한다면 지도자 수업을 잘 받고 있는 것입니다. 누구도 지도자의 길을 피할 수는 없습니다. 지도자가 되느냐 되지 않느냐의 문제가 아니라 어떤 지도자가 되느냐가 중요합니다. 사무엘을 통해 지도자다운 지도자의 모습을 보고 우리도 그렇게 살도록 노력해야 합니다.

다음 세대가 다른 세대가 되지 않게 하라!

캠퍼스 선교단체 지도자 모임에서 대학생 선교단체에 가입하는 학생이 많이 줄었다는 이야기를 들었다. 교회가 청년들을 제대로 양육하지 못하던 시절에 한국 교회가 성장하는 데 중요한 역할을 한 선교단체들이 어려움을 겪고 있다. 지역 교회들도 청년들의 수가 줄어서 고민을 하는데 선교단체마저 대안을 찾지 못한다는 이야기를 들으니 마음이 무겁다.

다음 세대 청년들의 깊은 좌절과 고민을 아는가?

지도자들이 나름대로 원인을 분석해 보니 크게 세 가지를 발견했다고 한다. 첫째, 요즘 대학생들은 취업에 신경 쓰느라 신앙에 관심을 두지 못한다. 둘째, 인터넷이나 SNS 때문에 청년들의 관심이 분산된다. 셋째, 한국 교회 목회자들이 물의를 일으키는 바람에 청년들이 교회에 거부감을 갖게 되었다.

이 중에서 가장 심각한 요인은 바로 취업 문제이다. 청년들이 진로 문제로 걱정하는 것은 신앙이 부족하기 때문이기도 하지만 이것은 개인의 문제가 아니라 세대가 겪는 어려움이다.

기성세대는 우리나라 역사상 아마 처음으로 부모보다 학력이 높고 경제적으로 부모보다 잘 살게 된 세대일 것이다. 대부분 자랄 때 고생을 했지만 부모들보다는 여러 면에서 나은 환경에서 살게 되었다. 그런데 그 다음 세대는 정반대이다. 자랄 때는 별 고생을 하지 않았는데 막상 사회에 나가려니 부모 세대보다 상황이 좋지 않다. 미국 같은 선진국에서는 오랜 세월에 거쳐 일어나는 일이 우리나라에서는 단 한세대 만에 일어난 것이다. 이것이 현재 청년들이 겪는 현실이다.

교회 내에서도 비슷한 현상이 일어난다. 현재 기성세대 중에는 믿지 않는 가정에서 믿음을 갖게 된 사람들이 많다. 그것이 교회 성장의 가장 큰 요인이었다. 그런데 지금은 반대로 믿는 가정에서 교회를 떠나거나 아예 믿음을 버리는 자녀들이 나타나고 있다. 이것 역시 서구 사회에서 오랜 세월을 두고 나타난 현상인데 한국 교회에서는 단 한세대 만에 일어나고 있다. 이것이 한국 교회 다음 세대의 전망을 어둡게 만드는 현실이다.

다른 세대는 여호와를 알지 못하였더라?!

이런 현실을 보면서 우리는 다음 세대의 변화를 심각하게 바라보아야 한다. 사사기 2장 10절을 보면 여호수아 사후의 세대를 이렇게 기록한다. "그 세대의 사람도 다 그 조상들에게로 돌아갔고 그 후에 일어난 다른 세대는 여호와를 알지 못하며 여호와께서 이스라엘을 위하여 행하신 일도 알지 못하였더라." 여호수아가 살던 시대와 그의 영향을 받은 세대의 사람들은 하나님을 잘 섬겼다. "백성이 여호수아가 사는 날 동안과 여호수아 뒤에 생존한 장로들 곧 여호와께서 이스라엘을 위하여 행하신 모든 큰 일을 본 자들이 사는 날 동안에 여호와를 섬겼더라"(삿 2:7).

그런데 그 세대 사람들이 죽고 난 다음 세대가 하나님과 하나님이 행하신 역사를 기억하지 못하게 되었다. 이 말씀이 다음 세대를 보는 우리의 마음을 무겁게 한다. 우리의 다음 세대도 얼마든지 그렇게 될 수 있다. 지금 우리가 다음 세대를 위해서 아무런 조치를 취하지 않으면 기성세대가 사라진 후에 한국 교회는 정말 소망이 없어질 수도 있다.

청년들이 겪는 취업의 문제든 개인 신앙의 문제를 우리가 당장 해결할 수는 없다. 그러나 다음 세대가 기성세대와는 많이 다른 상황에 있다는 점을 인식하고 이해할 필요가 있다. 그래서 청년들뿐 아니라 그보다 어린 세대에 진로 교육을 제대로 시켜야 한다. 무작정 공부해서 좋은 학교에 가도록 강요해서는 안 된다. 좋은 학교에 가는 것도 쉽지 않지만 좋은 학교를 간다고 해서 문제가 해결되는 것은 아니기 때문이다.

요즘 청년들은 "대학은 가고 싶지만 공부는 하기 싫고, 취업은 하고 싶지만 일은 하기 싫어한다"는 이야기를 들었다. 이런 이야기를 듣고 비난해 보아야 소용이 없다. 그게 다음 세대의 현실이기 때문이다. 그래서 일찍부터 성경적인 직업관과 진로를 이해할 수 있도록 체계적이고 바람직한 교육을 실시해야 한다.

본질을 잃지 않고 다음 세대를 세울 방법은?

신앙의 문제는 좀 더 심각하다. 청년들이 교회에서 멀어져가는 것을 개인의 문제로만 보지 말고 세대의 문제로 보아야 한다. 그래서 신앙의 당위성을 강요하기보다는 그들에게 신앙이 왜 필요한지, 신앙생활에 어떤 유익이 있는지 보여주어야 한다.

물론 다음 세대에 맞춘다고 신앙의 근본이 되는 것을 포기해서는 안 된다. 다음 세대의 문화에 적응하느라 신앙의 전통을 버리면 결국 나중에는 남는 것이 없어진다. 다만 전통의 틀에 집착하느라 그 전통의 본질을 잊지 않도록 해야 한다. 경건의 모양은 있으나 경건의 능력을 부인하는 실수를 범하지 말자는 말이다.

예를 들어 큐티는 우리가 유지해야 할 경건의 전통이지만 우리가 익숙한 방식만을 고집하다 보면 다음 세대는 큐티 자체를 포기할 수도 있다. 그러므로 다음 세대에 맞는 경건 훈련의 도구도 개발할 필요가 있다. 최소한 잘 점검하고 판단하여 방법의 변화라도 추구해야 한다.

지금 이런 문제로 고민하고 다음 세대를 위한 준비를 하지 않으면 우리의 '다음 세대'가 사사기가 경고한 '다른 세대'가 될지도 모른다. 다음 세대가 다른 세대가 되지 않도록 해야 한다. 이것이 하나님이 오늘 우리 시대에 그리스도인들에게 맡기신 가장 중요한 과제가 아닌가 생각해 본다.

(글: 방선기 목사)

제6과
위기관리 능력이 없으면?
(삼상 13:5-15)

이 과의 목표

　한 사람의 됨됨이는 위기를 당했을 때 어떻게 처신하는지를 보면 확연하게 드러난다. 지도자의 리더십도 그렇지만 모든 사람의 사람됨과 믿음 역시 어려움을 겪을 때 가장 잘 알 수 있다. 사울왕도 처음에는 비교적 나라를 잘 다스렸으나 위기에 처하자 결국위기관리 능력에서 많은 허점을 보였다. 이런 사울 왕의 모습을보면서 그리 녹록치 않은 세상살이 속에서 어떻게 어려움을 극복할 수 있을지 공부해 본다.

🌱 마음을 엽시다!

　영화 "에린 브로코비치"에 나오는 에린이 당신이라고 가정해 보자. 아이가 셋 딸린 이혼녀에 은행 잔고에는 몇 십 불이 전부이다. 일자리를 구해야 하는데 6년 간 전업주부였던 당신이 할 만한 일도 별로 없고 입사 면접마다 그 자리에서 낙방한다. 거기에 교통사고까지 당했는데 보상 재판에 져서 한푼도 못 받았다. 당신이라면 이런 상황에서 어떻게 문제를 풀어갈 것인가?

1. 직업과 관련해서 요즘 당신이 겪는 어려움이나 위기는 어떤 것입니까? 당신이 겪는 위기와 더불어 오늘 우리 시대 사람들의 일반적인 위기는 어떤 것인지 서로 이야기해 보십시오.

　이제 사무엘상 13장 5-15절을 읽으십시오.

외부의 적으로 인한 위기를 극복하라(5절)

2. 사울 왕은 분명히 위기에 봉착했습니다. 현역 군대 3,000명에 예비군까지 보유하고 있던 이스라엘은(1-2절) 어떤 심각한 위기에 처했습니까?(5절) 이 위기는 어떤 면에서 이스라엘에 치명적일 수 있었는지 이야기해 보십시오(1절).

3. 위기가 닥쳤을 때 위기의식을 느끼는 것은 당연합니다. 그러나 지도자가 당황해서 사람들을 불안하게 만드는 것은 더욱 큰 문제입니다. 사람들에게 위기가 없는 것처럼 속여도 안 되지만 우왕좌왕하는 모습을 보이는 태도는 바람직하지 않습니다. 당신이 사울 왕이라면 어떻게 이 위기를 극복했겠습니까?

내부의 동요로 인한 위기를 극복하라(6-7절)

4. 내부에서 동요가 일어나자 상황이 걷잡을 수 없게 되었습니다. 블레셋의 침략에 맞서야 할 백성은 어떤 반응을 보였습니까? (6-7절)

적용포인트 전쟁을 해야 할 백성이 두려워 흩어지는 심각한 위기의 때에 지도자의 진정한 역량이 발휘될 수 있습니다. 이른바 '카리스마'가 필요한 때가 바로 이런 때인데, 하나님을 경외하는 지도자라면 이런 때에 하나님께 기도하고 백성이 하나님을 찾도록 해야 할 것입니다. 그런데 보통 우리 그리스도인들도 이런 문제와 위기에 봉착하면 하나님을 찾기보다 허둥대는 이유가 무엇일지 생각해 보십시오.

5. 위기의 때에 내부적으로 결속되지 못하고 사람들이 동요할 때 그저 하나님의 이름을 들먹거리는 것이 아니라 진정한 영적 부흥을 통해 위기를 극복하려면 무엇부터 해야 할까요? 사무엘의 미스바 부흥 운동을 참고하면서 이야기해 보십시오(삼상 7:3-9 참조).

원칙이 무너지는 위기를 극복하라 (8-15절)

6. 지도자가 동요하자 내부가 동요하게 되었고 사람들이 동요하자 지도자는 더욱 당황하여 당면한 문제 해결을 위한 나름의 방법을 시행했습니다(8-10절). 사울의 이런 행동은 원칙 중심의 리더십의 측면에서 비춰볼 때 어떤 잘못이 있습니까?(삼상 10:8)

짧은 주석 사무엘은 사울 왕에게 7일을 기다리라고 했고 사울 왕은 그 7일을 다 채우지 못했습니다. 사울 왕이 번제를 드리자마자 사무엘 선지자가 도착한 것을 보면(10절) 사울 왕은 그 날까지 7일을 다 채워 기다렸어야만 했는데 조급한 마음에 그 명령에 불순종한 것을 알 수 있습니다. 이 불순종(13절)이 바로 사울의 고질적인 잘못이었습니다(삼상 15:28).

7. 사울 왕의 실수는 즉시 사무엘에게 알려졌습니다. 그는 사울 왕의 실수를 알고 지적했는데 이때 사울 왕의 태도는 어땠습니까?(11-12절) 잘못을 지적받았을 때 사울 왕이 취할 수 있는 가장 바람직한 행동은 무엇이었을까요?

8. 위기를 극복한다는 미명 하에 말씀의 원칙을 지키지 않은 사울 왕에게 어떤 새로운 위기가 닥쳐왔습니까?(13-14절)

적용포인트 원칙을 어기는 것도 문제지만 잘못을 지적받았을 때 어쩔 수 없었다고 변명하는 것은 또 다른 문제를 낳습니다. 가장 큰 문제는 지도자로서 신뢰를 잃는 것입니다. 자존심 때문에 변명하고 잘못을 인정하지 못하는 지도자는 리더십을 잃게 마련입니다(14절). 결국 사울 왕은 자신의 후손에게까지 왕위가 이어지는 왕조를 이루지 못하고 다윗에게 왕권을 물려주어야 했습니다.

우리도 사울 왕의 실수를 얼마든지 되풀이할 수 있습니다. 위기가 닥쳤을 때 하나님을 의지하지 않으면 이런 실수를 합니다. 하나님을 구하면서도 결국 해결책이 자신에게 있다고 생각하면 이런 실수를 하게 됩니다. 잘못을 범하고도 자기변명에 빠지면 이런 실수를 하게 됩니다. 사울 왕의 이런 모든 실수의 저변에는 하나님의 마음에 합하지 못한 불신앙이 깔려 있었습니다. 결국은 하나님의 마음에 합한 사람이 되어야 인생의 위기를 극복할 수 있으며 오히려 그 위기를 통해 전화위복의 기회를 얻을 수 있습니다.

그러므로 청년들아!

김난도 교수의 베스트셀러 『아프니까 청춘이다』(쌤앤파커스, 2010) 를 읽고 느낀 점이 많았다. 요즘 우리 젊은이들이 너무 나약하고 편한 것만 찾는다고 못마땅하게 생각했는데 이 책을 읽으면서 청년들에게 위로가 필요하겠다고 느꼈다. 그런데 이 책에 대한 비판도 있다. 힘든 청년기를 극복하고 성공을 이룬 기성세대 중에는 요즘 청년들이 나약하다고 책망한다. 둘 다 일리가 있다.

그런데 로마서 12장을 공부하면서 새로운 점을 발견할 수 있었다. 적어도 그리스도인 청년들에게는 로마서 12장 1-3절 말씀은 위로와 도전이 될 것이다. '그러므로'라는 단어는 로마서 1-11장의 내용을 근거로 성도들에게 실제적인 권면과 격려를 하는 것을 보여준다. 바로 그 '그러므로'에 이어 '청년들아!'를 불러본다. 좀 더 정확하게는 '그리스도인 청년들아!' 각 구절을 통해서 하나님이 주시는 말씀에 귀를 기울여보자.

너희 몸을 하나님께 산 제물로 드려 헌신된 삶을 살라

구약에는 짐승의 피를 흘리는 제사가 많이 나온다. 그러나 피 흘리는 제물은 예수님이 완성하셨기에 이제 우리는 죽음의 제물을 드릴 필요가 없다. 그 대신 하나님의 자비하심으로 구원받은 사람들은 자신을 산 제물로 드려야 한다. 예배할 때뿐만 아니라 일상에서 하나님께 헌신하라는 말이다. 이렇게 말한 사도 바울은 본인 자신이 그런 사례를 보여주었다. 예수 때문에 모든 것을 배설물로 여긴다고 했던 바울은 헌신에 있어 매우 바람직한 모델이다(빌 3:8). 바울은 삶의 모든 영역에서 주님을 우선순위에 놓았다.

종종 헌신은 교회 일만 한다거나 선교사역을 하는 것으로 생각된다. 심지어 목사가 되는 것으로 생각되기도 한다. 하나님께 헌신한 사람은 각 영역에서 헌신된 삶을 산다. 헌신의 삶은 조건이나 상황, 계산에 쉽게 흔들리지 않는다. 헌신은 우리 신앙에 가장 필수적인 요소라고 할 수 있다. 오늘 우리 사회에서 일어나는 문제의 요인에는 우리 그리스도인들이 세상에서 헌신을 제대로 하지 않는다는 현실이 큰 비중을 차지하고 있다고 본다.

결혼에도 헌신이 필요하다. 결혼식은 화려하게 치르는데 그렇게 한 결혼이 흔들리는 경우가 많다. 사랑보다 조건을 우선시하고 상대방에 대한 헌신이 부족하기 때문이다.

취업에도 헌신이 필요하다. 요즈음 평생직장이 사라졌기 때문에 직장에 헌신하는 것은 시대에 뒤떨어진 것처럼 느껴진다. 기업 환경이 예전 같지 않다. 얼마든지 이직을 할 수 있고 또 해야 한다. 그러나 자신이 일하는 곳과 하는 일에 대한 헌신은 여전히 중요하다.

하나님에게 헌신하는 자세를 가진 사람은 헌신의 삶으로 결혼생활을 잘 이끌어가고 직장에서도 성공적으로 일할 수 있다.

세상 풍조를 따르지 말고
하나님의 뜻을 분별하여 구별되게 살라

영국의 한 기자가 우리나라를 떠나면서 한국 사람들은 좋은 학교, 좋은 직장, 좋은 배우자를 얻어야 한다는 압박감에 시달린다는 내용의 글을 썼다. 여기서 말하는 '좋은'이란 도대체 무엇을 말하는 것인가? 우리 사회에서 '좋은'이 무엇을 의미하는지는 금방 알 것이다. 그러나 로마서의 말씀은 세상이 말하는 '좋은' 것이 아니라 하나님이 인정하는 '좋은' 것을 택하라고 한다.

그렇다고 꼭 기독교 학교, 기독교 직장을 가라는 것은 아니다. 하나님이 주신 재능과 능력에 맞는 곳이 좋은 곳이다. 무조건 명문 학교나 대기업만 선호할 필요는 없다. 우리나라는 학벌 사회지만 학벌은 3년 정도만 유효하다. 그 다음은 능력과 실력이다. 리더십의 위치로 가면 성품이 성공을 좌우한다. 그것이 바로 하나님의 뜻이다. 학교와 전공, 직업, 직장을 정할 때 세상의 이치를 따라가지 말라. 하나님께 기도하면서 그분이 무엇을 원하실지 깊이 생각해 보라.

결혼에도 세상풍조를 따르지 말라. 요즈음 우리 사회에 만혼과 저출산이 문제다. 그리스도인도 크게 다르지 않다. 그리스도인 청년이 이런 현실을 안타까워하면서 하나님의 심정으로 우리 세태를 바꾸면 좋겠다. 그리스도인들은 예배를 드리는 순간은 세상 사람들과 완전히 구별된다. 그러나 그럴 때만 구별되지 말고 매일의 삶속에서 구별된 삶을 살아야 한다. 무슨 일에서든지 하나님의 뜻을 분별하도록 해야 한다.

자신에 대해 바른 평가를 하여 겸손한 삶을 살라

과도한 자만심과 열등의식은 비교에서 나온다. 이런 실수를 하지 않기 위해서 믿음이 필요하다. 믿음의 분량대로 지혜롭게 생각해야 한다. 다른 말로 하면 하나님의 눈으로 나를 보는 것이다. 다윗은 위대한 업적을 남겼지만 항상 교만해지는 것을 경계했다. 시편 131편에서 다윗은 큰일과 감당치 못할 놀라운 일을 하려고 힘쓰지 않았다고 했다. 실제로 그는 큰일을 이루었고 다른 사람이 감당치 못할 놀라운 일을 해냈다. 그런데도 이렇게 말하는 이유는 자신이 교만해지는 것을 원치 않았기 때문이다.

청년들이 그저 현실에 안주해서는 안 된다. 큰일을 생각하고 그 것을 이루기 위해서 수고의 땀을 흘려야 한다. 그러나 그것이 개인 의 야망으로 변질되지 않기 위해서 겸손한 자세를 가져야 한다. 두 달란트 받은 종의 자세로 살자. 그는 다섯 달란트 받은 종을 부러 워하지 않았다. 자기에게 주어진 것으로 성실하게 일해서 나중에 다섯 달란트 받은 종과 똑같은 칭찬을 받았다. 한 달란트 받은 종 은 자기가 받은 달란트에 불만을 품고 아무 일도 하지 않았다. 나 중에 그는 엄청난 책망을 받았다. 그도 자기에게 주어진 달란트를 받아들이고 최선을 다했더라면 설령 다른 종들과 같은 100% 수익 을 얻는 결과를 내지는 못했더라도 칭찬을 받았을 것이다.

요즘 청년실업이 심각하다. 그런데 구인난도 매우 심각하다고 한 다. 중소기업이나 3D 업종에서는 사람을 구하기 어렵다고 한다. 우 리 그리스도인이 이런 일이 주어졌을 때 불평하지 않고 겸손한 마 음으로 받아들이고 성실하게 임하면 성공할 수 있다. 작은 일에 성 실할 때 기회가 온다. 마음에 들지 않는 곳이라도 일단 가서 마음 먹고 3년 정도만 최선을 다해 일한다면 분명 그곳은 하나님이 주 신 인생의 의미를 발견할 수 있는 꿈의 마당이 될 것이다. 이런 겸 손이 오늘 우리 청년들에게 필요하다.

하나님과 그분이 맡기신 삶에 헌신하라!
세상 풍조를 따르지 말고 하나님을 따라 구별돼라!
비교하지 말고 하나님의 눈으로 자신을 보라.
겸손하면서도 자신감을 가지라!

(글: 방선기 목사)

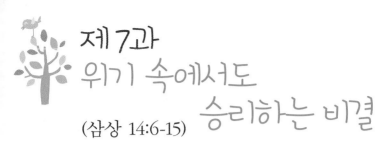

제 7과
위기 속에서도
승리하는 비결
(삼상 14:6-15)

이 과의 목표 🚲

  살다 보면 누구나 크고 작은 위기를 겪게 되는데, 이때 많은 사람이 당황해서 무력하게 반응하거나 그와 반대로 무모한 대응을 한다. 그리스도인들은 이때 믿음으로 대응해야 한다. 믿음으로 대응하는 것은 어떻게 하는 것인가? 그저 "믿습니다!"를 외치고 나아가면 되는가? 본문에서 요나단이 보여준 모습은 믿음으로 위기를 이기는 좋은 모델이 된다. 그가 직면한 위기 속에서 어떻게 승리했는지 살피며 우리도 위기 속에서 승리하는 비결을 발견해 본다.

🌱 마음을 엽시다!

제1차 세계대전 때, 한 미군 장교가 집으로 편지를 보냈다. "아마도 하루 종일 명랑한 나를 상상하면 될 거요. 왜냐고? 내 부하들이 38명 있는데, 포탄이 날아올 때 내가 오리처럼 머리를 처박고 피하면 부하들도 나를 따라서 머리를 처박는단 말이오. 그렇지만 내가 그런 상황에서도 미소를 짓고 있으면 그 모습이 당장 모든 부하에게 퍼져버린다니까! 그러니 나는 하루 종일 웃지 않을 수 없소." 위기에 부딪히면 당신은 어떤 리더십을 발휘하는가?

1. 심각한 일이 생겼을 때 당신이 그 문제를 해결하는 데 가장 큰 걸림돌이 되는 것은 무엇입니까? 늘 그렇다면 그 이유는 무엇이라고 생각하십니까?

이제 사무엘상 14장 6-15절을 읽으십시오.

하나님을 신뢰하는 용기를 가지라(6-7절)

2. 요나단은 블레셋과의 전쟁에서 책임감 있게 행동했습니다. 왕자로서 편하게 지내기보다 문제의 실마리를 풀기 위해 나선 것인데 요나단의 용기와 믿음은 어땠습니까?(6절) 또한 그의 용기 있는 결단을 아랫사람이 어떻게 따르고 있습니까?(7절)

3. 믿음이 있다는 사람들이 현실적인 어려움에 직면할 때 유약해지거나 무책임한 모습을 종종 보입니다. 그러면서 흔히 "하나님이 다 알아서 해주실 것이니 그저 믿습니다"라고 말하곤 합니다. 이것도 어쩌면 일종의 믿음일지도 모릅니다. 위기 앞에서 개인의 책임과 믿음은 서로 어떤 관계에 있다고 생각하십니까?

적용포인트 하나님을 믿는 사람이라면 책임감을 가지고 현재 자신의 할 일을 파악하여 최선의 노력을 다하는 것이 당연합니다. 반면 책임감이 지나쳐 자신을 과신하면 안 됩니다. 그것은 믿음이 아니라 자신감에 불과합니다. 하나님을 전적으로 신뢰하며 하나님의 역사를 기대하는 믿음을 가져야 합니다. 믿음과 책임감, 이 두 가지가 조화와 균형을 이루는 모습을 요나단에게서 볼 수 있습니다.

하나님의 뜻을 분별하는 지혜를 가지라 (8-10절)

4. 리더들도 위기 앞에서는 성급해지기 쉽습니다. 그런데 요나단은 상대방의 반응에 아주 조심스럽게 대처하는 모습을 보여줍니다. 요나단은 결국 표징을 통해 무엇을 알고 싶었던 것입니까?(8-10절)

5. 때때로 우리는 아주 그럴 듯한 명분으로 하나님의 이름을 앞세우면서 하나님의 일을 한다고 말합니다. 그런데 정작 그 일을 향한 하나님의 뜻은 제대로 알려 하지 않고 일단 추진해 버릴 때가 많지 않습니까? 과연 어떻게 해야 우리가 하나님의 뜻을 파악하고 제대로 하나님의 일을 할 수 있을까요?

하나님 안에서 연합하는 팀워크를 가지라(11-15절)

6. 요나단이 블레셋 군대를 기습할 계획을 세웠지만 그 일을 요나
단 혼자 했던 것은 아닙니다. 요나단이 일을 이루는 과정에서 빠
뜨릴 수 없는 것은 그의 '무기를 든 소년'과 이룬 팀워크입니다.
요나단의 기습 계획을 들은 소년은 어떤 연합을 보여줍니까?(7
절) 그리고 기습 작전을 통해서 볼 수 있는 연합은 무엇입니까?
(13절) 이들의 팀워크를 평가해 보십시오.

7. 우리가 속한 공동체에서 이렇게 마음을 합하여 하나가 되는 팀
워크는 매우 중요합니다. 이런 아름다운 연합과 팀워크가 우리
의 일터와 교회, 가정에서 일어나게 하려면 어떻게 해야 할까요?
(전 4:9-12 참조)

8. 요나단이 시작한 이 전쟁은 어떻게 이스라엘 전체로 확대되었고
이스라엘에 어떤 결과를 가져다주었습니까?(20-23절)

적용포인트 요나단 왕자가 주도한 이 기습 작전으로 인해서 이스라엘 군대는
절체절명의 위기 상황에서 빠져나와 대승을 거두었습니다. 여기서 보여준 요나
단의 용기는 오늘날 위기의 시대를 살아가는 우리에게도 매우 중요한 모델이
됩니다. 어떻게 하면 요나단의 용기와 믿음, 지혜를 배울 수 있을지 생각해 봅
시다.

하나님을 신뢰하는 용기와 하나님의 뜻을 분별하려는 지혜, 그

리고 한마음이 되어 움직이는 팀워크는 결국 우리 인생에서도 위기를 극복하고 승리를 얻게 하는 요인이 됩니다. 우리도 요나단처럼 공동체를 세울 수 있는 사람이 되기 위해 노력합시다.

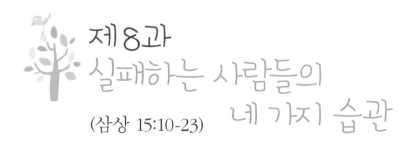

제8과
실패하는 사람들의 네 가지 습관
(삼상 15:10-23)

이 과의 목표

신앙생활을 잘하던 사람이 언젠가부터 실망스러운 행동을 하고 나태한 모습을 보이는 경우가 있다. 개인뿐 아니라 교회나 일터에서도 예외가 아니다. 잘나가던 기업도 여러 이유로 과거의 영화를 잃어버리고 퇴색하여 안타까움을 주는 경우가 있다. 왜 이런 바람직하지 못한 변화, 즉 실패가 생길까? 사울 왕의 실패를 보면서 타산지석을 삼아본다.

🌱 마음을 엽시다!

국내 유명 보험회사의 실적 좋은 지점의 지점장으로 일하는 당신. 3년 전에 100만 명 이상에게 판매한 히트 보험 상품에 문제가 생겼다. 금리 예측도 제대로 하지 못했고 금융 상황에도 변화가 생겼으며 보험 설계에도 문제가 있었다. 그래서 이제 회사 입장에서는 많은 사람이 이 상품에 가입할수록 손해를 보게 된다. 고객들에게 해약을 종용하라는 지시가 내려오기도 했다. 이런 경우 분명한 실패에 대해 책임지는 사람은 없이 애매한 계약자들이나 설계사들, 나아가 중간에 낀 당신과 같은 사람들만 곤경에 빠지게 된다. 이럴 때 당신은 어떻게 해야 하는가?

1. 직장에서 특정 일에 실수를 잘하는 사람들은 습관적인 경우가 많습니다. 그런 실수가 쌓이다 보면 실패하는 삶을 살 수밖에 없는데 그렇게 실패하는 사람들이 일하는 스타일을 보면 어떤 영성을 발견할 수 있습니까? 한두 사람을 지목해서 그 사람들의 실수하는 성향을 중심으로 이야기해 보시기 바랍니다.

   이제 사무엘상 15장 10-23절을 읽으십시오.

'영적 무감각' 습관에서 벗어나라!(10-12절)

2. 사울 왕의 불순종 때문에 하나님은 그를 왕으로 삼은 것을 후회하셨습니다. 사무엘은 밤새 하나님께 기도했습니다. 실로 엄청

난 일이 일어나고 있었습니다(10-11절). 그러나 정작 당사자인 사울 왕은 무슨 일을 하고 있었습니까?(12절) 그는 그런 중대한 사실을 알고 있었을까요?

3. 사울 왕이 문제의 중대성을 모른 채 희희낙락하고 사무엘을 만나서도 자신은 하나님의 명령을 잘 이행했다고 자부하는 모습을 보면 어처구니가 없습니다. 사울이 이렇게 영적으로 무감각해진 원인은 어디에 있다고 생각하십니까?

적용포인트 사울의 이야기는 남의 이야기가 아닙니다. 우리도 바쁜 직장생활을 핑계로 하나님과 친밀한 교제를 하지 못하면 영적으로 무뎌질 수밖에 없습니다. 왕년에 얼마나 신앙생활을 잘했는지, 지금 어떤 지위에 올랐는지는 중요하지 않습니다. 영적으로 무뎌지면 점차 하나님으로부터 멀어지게 되고 결국 인생에서 실패하는 낙오자가 됩니다. 당신은 말씀과 기도와 묵상으로 하나님과 친밀히 교제하십니까?

'자기도취' 습관에서 벗어나라!(12절)

4. 사울 왕은 아말렉 족속과의 전쟁에서 승리하자 자기를 위한 기념비를 세웠습니다(12절). 사울 왕이 이렇게 된 이유는 무엇이라고 생각합니까? 당신에게도 이런 경험이 있습니까?

5. 사울 왕이 이렇게 자기도취에 빠지게 된 이유는 무엇입니까?(잠 16:18; 빌 3:19 참조)

'합리화' 습관에서 벗어나라!(13-16절)

6. 영적으로 무뎌지고 자기도취에 빠진 사울 왕은 하나님의 말씀을 제대로 들을 수 없었습니다. 사무엘이 구체적으로 그의 잘못을 지적하자(14절) 사울은 어떻게 자기를 합리화하고 있습니까?(15절)

7. 모든 사람이 잘못을 하지 않으면 좋겠지만 그것은 불가능한 일입니다. 그러나 잘못을 깨닫거나 혹은 자신도 몰랐던 잘못이 밝혀지고 지적당했을 때 어떻게 하는 것이 가장 바람직합니까?

8. '변명'과 '회개'의 차이점을 이야기해 보십시오. 변명하지 않고 회개하려면 어떤 자세가 필요합니까?

'신앙 빙자' 습관에서 벗어나라!(17-23절)

9. 사울 왕은 자기를 합리화하는 과정에서 하나님이 정말 싫어하시는 실수를 했습니다. 이전에도 많은 사람이 했던 실수인데, 어떤 실수입니까?(20-21절)

10. 지금도 종교를 빙자해서 자기의 무너진 영성을 감추려는 사람이 많이 있습니다. 교회에서 봉사하는 모습을 과시함으로써 영적 문제를 덮어버리려는 사람들입니다. 그러나 하나님은 우리의 종교적 열심보다 순종을 더 원하십니다(22절). 이렇게 종교적 열심으로 영성을 대체하는 것은 왜 위험할까요?

적용포인트 이런 사람들은 바울이 책망한 유대인들과 비슷합니다. 하나님께 열심은 있지만 하나님의 뜻에 대한 지식이 없어서 결국에는 하나님께 순종하지 않는 것입니다. "내가 증언하노니 그들이 하나님께 열심이 있으나 올바른 지식을 따른 것이 아니니라"(롬 10:2).

사탄은 하나님의 사람들이 하나님의 뜻대로 사는 것을 결코 원하지 않습니다. 그래서 우리가 영적으로 무감각해지도록 하나님과의 교제를 막고 그 대신 자기 자신이나 자기가 한 일에 심취하도록 만듭니다. 잘못을 지적받아도 자기를 합리화하도록 부추깁니다. 종교적 의무를 다하는 것으로 영적 책임을 다한 것처럼 느끼도록 합니다. 만일 이 네 가지 증상 중에 하나라도 나타난다면 조심해야 합니다. 사탄이 우리를 넘어뜨리려는 신호이기 때문입니다.

제1과 일터에서 진실한 신앙인이 되려면

2. 하나의 기도는 하나님을 향해 마음이 활짝 열린 것으로 시작됩니다. 자식을 낳아서 즐거운 것이 아니라 하나님 때문에 즐겁다고 했습니다. 원수들에게 자신만만하게 된 것도 자기가 가지고 있는 무엇 때문이 아니라 하나님의 구원 때문이라고 했습니다. 이런 찬양은 단순한 종교심만으로는 하기 힘듭니다. 하나님과의 개인적인 관계의 체험이 깊어야 가능합니다. 그래서 우리는 하나님을 향해 늘 마음을 열어야 합니다.

6. 인간관계도 하나님과의 관계와 비슷합니다. 하나님께 마음을 열듯이 일단 상대에게 마음을 열고 관계를 유지하다 보면 그 사람에 대해서 점점 더 알게 되고 결국 전도의 문이 열릴 수 있을 것입니다. 남편이나 아내, 부모나 자녀, 그리고 우리의 일터에서 만나는 사람들에게 하나님의 속성을 드러내기 위해 노력해야 합니다.

7. 역사를 주관하시는 주님이 이 세상 마지막에 선악을 심판하십니다. 그때 우리가 믿는 예수 그리스도를 높이시고 그분을 믿는 자와 믿지 않는 자를 구별해서 심판을 하십니다. 빌립보서 2장 9-11절에 이 내용이 잘 묘사되어 있습니다.

제2과 세상 속 그리스도인의 껍데기 신앙

3. 철학자 키에르케고르는 종교 기관이 오히려 성도들이 하나님과

만나는 것을 방해할 수 있다는 역설적인 이야기를 했습니다. 우리 주변에서도 흔히 볼 수 있는 모습입니다. 모태신앙을 자랑하는 사람들이나 체험 없이 교회 생활을 오래한 사람들 중에도 이런 사람들이 있습니다. 늘 하나님과의 관계의 진실성을 점검하는 살아 있는 신앙이 필요합니다.

4. 오늘날에는 구약 시대와 같은 제사장은 없지만 소위 '전임 사역자'들이 존재합니다. 때로는 그들이 이런 실수를 합니다. 목사로서 권위나 특권은 누리면서 진정한 책임을 지지 못하는 것입니다. 이런 일을 방지하기 위해서 목회자들은 하나님 앞에서 책임감 있는 신앙을 가져야 합니다. 또한 성도들은 영적 지도자들을 위해서 기도하며 섬겨야 합니다.

7. 우리는 대개 죄책감을 품는 것만으로 죄를 용서받았다고 착각하는 경우가 많습니다. 그러나 진정으로 회개하지 않으면 용서는 있을 수 없습니다. 하나님은 아무리 큰 죄를 지어도 진정으로 회개하는 자들에게 용서의 은혜를 베푸십니다(요일 1:9). 자녀를 양육할 때도 마찬가지입니다. 부모가 자녀의 잘못을 책망할 때 주의할 점은 아이들이 잘못을 깨닫고 회개하도록 돕는 일입니다. 눈가림만 하는 것이 아니라 진정으로 하나님께 회개할 수 있도록 기도하며 신앙적으로 도와주어야 합니다.

제3과 일터에서 하나님과 만나려면
3. 성경을 많이 아는 성경학자나 신학자라고 해서 하나님을 만나고 하나님의 뜻을 제대로 아는 것은 아닙니다. 이것은 마치 예수

님이 어디에 태어나실지 분명히 알고 있었던 서기관들은 실제로 예수님을 경배할 뜻이 없었고 오히려 성경을 잘 알지 못했던 동방박사들이 물어물어 예수님을 찾아가 경배했던 것과 비슷합니다(마 2장).

5. 엘리 제사장에게는 종교적인 경험, 즉 체험이 풍부했습니다. 그래서 사무엘을 몇 번 돌려보내면서 직감적으로 알아차린 것입니다. 그러나 정작 당사자인 사무엘은 하나님의 음성을 도무지 알아채지 못했습니다. 그에게는 그런 경험이 없었습니다(7절). 하나님은 경험이 많은 엘리를 제치고 경험이 없는 사무엘에게 나타나 말씀하셨습니다. 종교적 경험 역시 하나님과의 만남을 보장하지 못합니다.

9. 교회 역사에서는 이런 체험을 "lectio divina"(거룩한 독서)라고 부르는데, 이는 수도사들이 성경을 묵상하는 중에 하나님의 음성을 들었던 것을 말합니다. 그것이 오늘 우리에게는 Quiet Time(큐티)으로 전해지고 있습니다. 큐티는 성경을 공부하는 것이 아닙니다. 무언가 멋진 발견을 하는 것도 아닙니다. 큐티는 하나님을 만나는 시간입니다. 하나님의 음성을 듣는 시간입니다.

제4과 이 땅이 회복되려면

4. 사무엘 선지자는 당시 이스라엘의 영적, 사회적 문제점을 파악한 후 이스라엘 백성이 하나님께 돌아오는 것이 가장 중요하고 시급한 해결책임을 알았습니다(3절). 그래서 그들에게 우상을 버리고 하나님만 섬기라고 촉구했을 때 그들이 즉시 순종했습니

다(4절). 바른 지도자를 만나자 이스라엘 백성의 태도가 금방 달라지기 시작한 것입니다. 사무엘이 적극적으로 하나님께 기도하자고 했을 때도 역시 백성은 모여서 참회의 기도를 드렸습니다(4절). 이 모든 과정에서 영적 지도자 사무엘이 중심이 되었습니다.

5. 사무엘이 판단하기에 이스라엘이 위기를 자초한 것은 하나님을 진정으로 섬기려는 영성이 사라졌고 종교성만 남았기 때문입니다. 그러니 비록 블레셋 군대의 위협을 받고 있지만 군사력의 회복보다 영성의 회복이 더 중요하다고 판단했던 것입니다. 물론 이런 우선순위는 어떤 의미에서 이전에 이스라엘 장로들이 전쟁터에 언약궤를 가져오면 이길 것이라고 생각한 미신적 행위와 비슷해 보입니다. 그러나 둘은 분명히 구별됩니다. 사무엘은 종교를 이용해서 전쟁에 이기려고 한 것이 아니라, 하나님께 의지해서 하나님의 능력이 나타나기를 기대한 것뿐입니다. 이것이 바로 종교성과 영성의 차이입니다.

7, 8. 영성이 회복된다고 해서 전쟁 자체(문제)가 당장 사라지는 것은 아닙니다. 다만 이스라엘 백성이 하나님을 신뢰했기 때문에 하나님은 놀라운 능력을 보여주셨습니다(10절). 언약궤를 가지고 왔을 때는 잠잠하셨던 하나님이 이번에는 엄청난 이적을 베풀어 주신 것입니다. 이것이 바로 영성의 열매입니다. 그 결과로 이스라엘은 전쟁에서 승리했을 뿐만 아니라 그 이후에 블레셋의 침략이 없었으며(13절) 이전에 블레셋에게 빼앗긴 영토까지 회복하게 되었습니다(14절).

3. 서양에서는 프라이버시를 존중하는 측면에서 되도록 자녀나 가족 문제는 밝히지 않는데 우리나라는 다릅니다. 교회나 나라나 일터 등 어디서든지 리더로서 제대로 일하기 위해서는 자녀를 잘 양육하고 가정을 세우는 일이 중요합니다. 수신제가치국평천하 (修身齊家治國平天下)라는 경구가 중요한 덕목입니다.

5. 사무엘은 자신의 인생행로에 대한 하나님의 뜻에 민감했기 때문에 하나님이 그만두라고 하실 때 그 말씀에 귀를 기울였습니다. 기본적으로 이런 자세를 취하고 있었기에 사무엘은 백성의 요구를 듣고 기뻐하지는 않았지만 기도했다고 합니다(6절하). 우리는 보통 마음에 들거나 기분이 좋을 때 기도하는 것은 당연하다고 생각합니다. 그런데 내 마음에 들지 않고 기분이 나쁜 문제도 기도해야 합니다. 기도할 때 하나님이 구체적으로 할 일을 알려주십니다. "백성들의 요구를 받아들이라. 나도 기분이 나쁘다. 그래도 왕정 제도에 대해서 그들이 모르는 것을 자세히 알려주라"(8:7-9 참조).

6. 사무엘은 자기가 얼마나 청렴하고 결백했는지를 언급했습니다. 그는 능력 있는 지도자, 위대한 지도자로 기억되기보다 깨끗한 지도자로 기억되기를 원했던 것 같습니다. 그러나 현대 사회에서는 이런 지도자의 모습을 중요하게 평가하지 않는 것 같습니다. 그저 당장 눈앞에 있는 문제를 잘 해결하면 능력 있는 지도자로 인정받습니다. 미국의 전임 대통령들 중에서 빌 클린턴 대통령과 지미 카터 대통령을 비교해 볼 수 있습니다. 관점에 따라

평가가 다를 수 있으나 정치학자들이나 미국인들은 재선 대통령인 클린턴이 이루어 놓은 업적이 더 많고 훌륭하다고 생각할 것입니다. 그러나 하나님은 삶이 더 깨끗하고 퇴임 후에도 의미 있는 일을 많이 한 카터를 더 위대한 지도자로 인정하실 듯합니다.

제6과 위기관리 능력이 없으면?

2. 수많은 블레셋 군대가 이스라엘로 쳐들어온 상황은 분명히 위기였습니다. 이럴 때 위기의식을 느끼지 못한다면 용기 있는 것이 아니라 무책임한 것입니다. 더구나 한 나라의 왕이라면 더욱 그렇습니다. 중요한 점은 이럴 때 지도자가 어떻게 대처하느냐 하는 것입니다. 이런 상황에서 뒷날 여호사밧 왕이나 히스기야 왕은 그 자리에서 하나님께 기도하고 선지자들에게도 기도를 부탁했습니다. 그런데 사울 왕은 당황한 것 같습니다. 지도자가 우왕좌왕하니 더 큰 문제가 생겼고 내부에서도 동요하여 상황이 설상가상이 되었습니다.

5. 과거에 블레셋이 쳐들어왔을 때 언약궤를 가지고 오는 것이 유일한 해결책이라고 생각했던 엘리의 아들들의 방법은 실패한 위기 극복의 사례가 되었습니다. 위기의 때에 사람들이 하나님을 찾도록 해야 합니다. 전체가 위기를 느낄 때는 위기가 아닌 것처럼 속여서 미봉할 수 없습니다. 하나님을 함께 찾는 것이 유일한 해결책입니다.

6. 사울 왕은 나름대로 종교적인 해결책을 찾았지만 그 과정에서 하나님의 뜻을 어기고 말았습니다. 나름대로 위기를 극복하기

위한 대책이었지만 오히려 더 큰 위기를 만들어내고 말았습니다. 하나님의 말씀에 순종하면 되는데 지나친 두려움과 조바심으로 인해 하나님의 말씀을 어기는 실수를 하기 쉽습니다. 눈앞에 있는 문제를 해결하기 위해 원칙을 어기지 않도록 일터에서나 교회에서, 또 우리 가정에서 조심해야겠습니다.

7. 잘못을 지적받았을 때 그 사실을 인정하고 진정으로 회개한다면 하나님의 은혜로 또 다른 기회가 주어질 수 있습니다. 그러나 그렇지 못하면 결국 마지막 남은 신뢰까지 잃게 됩니다. 특히 직업인들에게는 신뢰를 잃는 것이야말로 가장 큰 위기가 아니겠습니까?

제7과 위기 속에서도 승리하는 비결

2. 그렇다고 요나단이 자신의 힘이나 재주를 믿고 만용을 부린 것은 아니었습니다. 그는 자신의 행동을 통해서 하나님이 일하며 역사해 주시기를 간절히 기대하며 나섰습니다. 여기서 그의 책임감 혹은 적극성과 함께 하나님을 신뢰하는 신앙을 보게 됩니다. 리더에게 있어서 이 두 가지의 균형은 위기를 타개하는 데 매우 중요한 요소가 됩니다.

4. 요나단이 알려고 한 것은 적군인 블레셋의 반응이나 동태가 아니었습니다. 그것을 통해서 하나님의 뜻을 알려고 했습니다(10절). 그가 사용한 방법, 즉 요나단과 부관이 그들에게 몸을 드러내면 그들이 할 말을 가지고 가부간의 결정을 하려고 한 것 자체는 모든 상황에 다 쓸 수 있는 방법은 아닐 것입니다. 그러나

그가 일을 추진하는 과정에서 취했던 기본적인 자세는 믿음으로 일하려는 모든 성도에게 필요한 것입니다. 그것은 하나님의 진정한 뜻을 알려고 하는 자세입니다.

제8과 실패하는 사람들의 네 가지 습관

2. 하나님이 사울을 왕으로 삼은 것을 후회했다는 말씀(11절)은 하나님이 사울을 세운 일이 잘못한 선택이어서 자책한다는 뜻이 아닙니다. 하나님의 속성이나 활동을 표현하는 일종의 의인법적 묘사입니다. 이것을 신인동성동형론(anthropomorphism)이라고도 말합니다.

3. 사울은 하나님을 믿는다고 했고 하나님의 명령을 지켰다고 했지만 평소에 하나님과 친밀한 교제가 없었던 것 같습니다. 영적으로 무감각했던 것입니다. 하나님의 사람에게는 이것이 실패의 시작입니다. 베드로를 비롯한 세 제자가 예수님이 겟세마네 동산에서 기도하실 때 잠을 자고 있었던 모습과 비슷합니다. 영적으로 무감각했을 때 제자들은 눈꺼풀을 들어올려 졸음을 이겨낼 뾰족한 묘수도 없었던 것입니다.

7. 잘못을 했을 때는 빨리 인정하고 회개해야 합니다. 잘못한 것을 무슨 말로 변명해도 그것은 순간의 미봉책에 불과합니다. 자기의 기분만 조금 나아질 뿐(그것도 잠시만!)입니다. 하나님과의 관계에는 아무런 도움도 되지 않고 오히려 더 악화되기만 한다는 것을 명심해야 합니다.

아바 일터 성경 공부 시리즈 4

종교인인가, 신앙인인가 사무엘상을 중심으로

초판 1쇄 인쇄 2015년 6월 15일
초판 1쇄 발행 2015년 6월 22일

지은이 방선기
펴낸이 홍병룡
만든이 최규식·정선숙·강민영·장우성

펴낸곳 협동조합 아바서원
등록 제 274251-0007344
주소 서울특별시 은평구 증산로 19길 19 2층
전화 02-388-7944 | 팩스 02-389-7944
이메일 abbabooks@hanmail.net

ISBN 979-11-85066-42-4 04230
      979-11-85066-38-7 (세트)